# ROME

## ET

# PIE IX

## QUELQUES SOUVENIRS

## PAR L'ABBÉ P. GUÉRIN

DU DIOCÈSE DE ROUEN

Prix : Un franc.

| PARIS | ROUEN |
|---|---|
| CHARLES DOUNIOL, | FLEURY, |
| LIBRAIRE-ÉDITEUR, | LIBRAIRE DE M<sup>gr</sup> L'ARCHEVÊQUE, |
| 29, rue de Tournon, 29. | Place de l'Hôtel-de-Ville |

1863

# ROME ET PIE IX

## QUELQUES SOUVENIRS

# ROME ET PIE IX

## QUELQUES SOUVENIRS

## PAR L'ABBÉ P. GUÉRIN

DU DIOCÈSE DE ROUEN

Prix : Un franc.

| PARIS | ROUEN |
|---|---|
| CHARLES DOUNIOL, | FLEURY, |
| LIBRAIRE-ÉDITEUR, | LIBRAIRE DE Mgr L'ARCHEVÊQUE, |
| 29, rue de Tournon, 29. | Place de l'Hôtel-de-Ville. |

1863

Un an s'est écoulé depuis les belles manifestations catholiques du mois de juin 1862. Il ne saurait être sans utilité de rappeler l'attention sur ce fait, un des plus graves qui se soient jamais accomplis et dont l'influence a été si grande sur la société tout entière. Vu à cette distance et envisagé dans ses conséquences, on l'appréciera d'ailleurs avec plus de calme, et par suite avec plus de fruit. Tel est le but de cet Opuscule.

Ces pages, toutefois, ne sont point le récit des grandes fêtes de Rome; ce récit a été fait, et par des plumes plus habiles. Ce sont quelques souvenirs recueillis après une année, quelques traits qui nous ont paru de nature à toucher les âmes, comme aussi diverses considérations sur la situation et les circonstances actuelles.

Puissent ces lignes réchauffer encore dans les cœurs l'amour déjà si ardent de l'auguste Pie IX! Puissent-elles contribuer aussi à faire connaître et aimer la plus belle institution qui soit sortie de la pensée et du cœur de Dieu, l'Église, qui n'a pas seulement les promesses de la vie future, mais qui peut seule déjà faire notre bonheur en ce monde!

# LE MOUVEMENT CATHOLIQUE EN 1862

Vers la fin du mois de mai de l'année 1862, d'innombrables pèlerins, le monde ne l'a point oublié, se dirigeaient vers Rome. Quelle était la cause de cette affluence immense?

Il y a trois siècles, vingt-six pauvres religieux japonais, dont plusieurs enfants, l'un âgé seulement de onze ans, étaient morts pour la foi; ils avaient aimé Jésus Notre-Seigneur jusqu'à l'effusion de leur sang..... Or le moment de leur glorification était venu : l'Église allait les placer sur ses autels, et, comme il n'y a point pour elle de plus douce joie que l'exaltation de ses fils, elle conviait le monde catholique à ce spectacle si propre à émouvoir les cœurs et à raviver la foi.

Mais était-ce là la seule cause qui attirait tant de voyageurs vers la Ville éternelle? Non, il y en avait une autre.

Pie IX, aujourd'hui si glorieusement régnant sur l'Église, Pie IX le Pontife bien-aimé, était dans la tristesse : il avait vu ses intentions les plus droites et les plus généreuses méconnues, ses bienfaits payés de l'ingratitude la plus noire, et il avait laissé échapper de ses lèvres ces paroles du bon Maître : « *Tristis est anima mea :* Mon âme est remplie d'amertume..... » Ce cri avait douloureusement retenti dans tous les cœurs catholiques : aussi, heureux de trouver cette occasion de témoigner au Saint-Père leur amour et leur dévouement, accouraient-ils de toutes les contrées de la terre. Le Grec, l'Arménien, l'Africain, l'Européen, le Français surtout, toujours le premier là où il y a une grande cause ; prêtres, laïques, vieillards, jeunes gens, se confondaient, se pressaient sur toutes les voies de la catholicité, unis dans la même pensée, le même sentiment, l'amour de l'Église et de son auguste chef.

Puissance bien étonnante que cette papauté, qui, dans son apparente faiblesse, recèle en elle-même une vie si divine, dont une seule parole va remuer les âmes de l'orient à l'occident, dans tous les climats et sous tous les cieux, et attire à ses pieds l'univers presque entier !

Joignez à ces causes le courant qui entraîne le monde vers l'unité. C'est là en effet une des aspirations et comme un des besoins de notre temps. La société semble se précipiter, pour ainsi dire, vers une unité que le vieux monde lui-même ne connut jamais. Les inventions modernes, en faisant disparaître les distances, ne feront que développer encore cette tendance. D'où vient cette idée, il serait peut-être difficile de le définir ; mais on le sent, la société en est travaillée de toutes parts ; et comme Rome est le cœur du monde, le centre de la catholicité, de là sans doute cette attraction mystérieuse vers elle ; phénomène vraiment remarquable de notre temps, et dont le mouvement catholique de 1862 ne sera pas un des signes les moins éclatants.

# MARSEILLE ET LES PÈLERINS

On ne se rendrait pas compte de ce grand mouvement catholique si on ne considérait que ceux qui partaient. Combien auraient désiré le faire, que retenaient les exigences de leur position et les mille empêchements de la vie ! — Aussi le départ donna-t-il lieu à des scènes vraiment touchantes; nous ne saurions résister au désir d'en dire quelque chose ici.

Le 2 juin, l'*Aunis*, sur lequel nous nous trouvions, s'apprêtait à quitter Marseille. A neuf heures les passagers se réunissaient sur le pont, plusieurs cardinaux et évêques et près de trois cents prêtres. A dix heures, après le chant de l'*Ave maris Stella*, qui empruntait à la présence de tant d'ecclésiastiques, au calme des flots et aux circonstances un caractère tout particulier, le navire quittait le port. En peu d'instants il fut à l'extrémité de la jetée.

C'est là que nous attendait une des scènes les plus touchantes de ce voyage, qui devait être pourtant si fécond en douces émotions. — Une foule immense de tout âge, de toute condition, était venue se ranger spontanément, et malgré l'heure avancée, au pied des phares et à l'extrémité de la jetée. Tout à coup des feux de Bengale s'allument et brillent de toutes parts ; un chant à Marie se fait entendre, et les cris mille fois répétés de *Vive Pie IX ! Vive le Pontife-Roi !* s'élèvent vers les cieux... Dire avec quelle foi ces cris partaient de l'âme, dire ce qu'il y avait de pénétrant dans ces voix de tout un peuple, n'est pas au pouvoir de la langue humaine... On sentait qu'on était dans les circonstances les plus solennelles, à la veille peut-être des plus graves événements. Tous étaient visiblement émus... « C'est bien beau, vraiment ! je ne m'attendais pas à cela..., » disait près de nous un des rares passagers qui n'avaient pas le bonheur de partager nos convictions religieuses. Oui, c'était une chose vraiment belle en effet que ces milliers de voix partant du rivage, s'unissant aux voix du navire et montant vers le Ciel comme une clameur sublime...

A mesure que le vaisseau s'éloignait, les voix semblaient puiser dans l'ardeur de leur foi une nouvelle énergie. Pendant quelque temps ce fut comme une sorte de lutte ; à la fin, néanmoins, elles s'affaiblirent, mais non l'émotion qu'elles avaient produite...

Je rentrai dans ma cabine, et, tombant à genoux, je donnai cours à mes larmes. Je sentis ma foi se raviver et grandir sous ces émotions si puissantes ; je compris qu'il n'y a que la religion qui puisse ainsi élever et unir les âmes et que, bien que fasse l'homme, elle tiendra toujours la première place dans son cœur. Déjà j'avais eu occasion de voir des manifestations de peuple à peuple lors du voyage des chanteurs français à Londres. Certes, ces manifestations étaient chaleureuses ; mais qu'était-ce en comparaison du spectacle que nous avions sous les yeux !

Et puis une pensée traversa alors mon esprit. Il n'y a pas un siècle encore, me disais-je, de cette même plage s'échappait comme un torrent un chant portant avec lui les colères de toute une génération et des ruines sans nombre ; aujourd'hui les jours sont mauvais encore : Dieu seul connait le terme de l'épreuve qui nous attend ; mais que les temps sont changés ! L'hymne à Marie, *Vive Pie IX*, tel est le cri de Marseille aujourd'hui. Le Ciel en soit béni !

Sois bénie aussi, bonne ville de Marseille ! sois bénie pour ton amour pour le Pontife auguste de la sainte Église ! garde-le, cet amour ; que ce cri qui a tant touché nos cœurs soit toujours ta devise : tu le dois à Dieu qui te donna la foi aux premiers jours du christianisme. Oui, garde-le bien en ton cœur cet amour, et lorsque par la réunion des mers tu seras devenue la reine des cités de l'Océan, souviens-toi de le porter sur l'aile de tes vaisseaux jusqu'aux extrémités du monde.

# EN MER

La traversée restera un des plus doux souvenirs des
pèlerins. Grâce à cette communauté de sentiments qui
animait tous les cœurs, il s'était établi de suite entre les
voyageurs des relations si amicales et une intimité si
touchante, qu'involontairement on se reportait au ber-
ceau du christianisme, à ces premiers chrétiens dont on
disait : « Voyez comme ils s'aiment. » Ah! si le monde eût
pu voir cette union, s'il eût pu contempler le spectacle
qu'offraient l'*Aunis* et les autres vaisseaux transportant
les pèlerins, il eût compris que cette confraternité qu'il
semble poursuivre avec tant d'ardeur, elle est dans la
religion, elle se trouve réalisée dans le catholicisme.

Nous croyons faire plaisir à ceux qui liront ces lignes
en plaçant sous leurs yeux quelques-unes des physiono-
mies qui nous frappèrent le plus durant ce voyage.

Sur l'*Aunis* se trouvaient avec nous un capitaine de
l'armée bavaroise, ignorant complétement le français,
mais dont les yeux se mouillaient de larmes lorsqu'on
lui parlait du Saint-Père; un vénérable vieillard de
Saint-Étienne près Lyon, âgé de quatre-vingt-six ans.
Comme le vieillard Siméon soupirant après la vue du

Messie, il n'avait point voulu mourir sans saluer et voir de ses yeux le Père commun des fidèles; aussi Pie IX l'a-t-il accueilli avec une affection toute particulière.

Mais ce qui nous frappa le plus, ce fut une famille bretonne, le père et la mère allant voir avec leur fille aînée deux de leurs enfants, zouaves dans l'armée pontificale. Ce fervent catholique nous racontait que son plus jeune fils, étant venu les reconduire jusqu'à Nantes, arrivé là, leur avait demandé avec larmes la permission de les suivre jusqu'à Rome pour rejoindre ses frères. « Pauvre enfant! lui avait dit son père, mais tu n'aurais pas la force de porter les armes. — Eh bien, avait-il répondu, je porterai les munitions de mes frères... » Il grandit en ce moment, ce courageux jeune homme, et il n'attend que le développement de ses forces pour aller grossir le nombre des défenseurs du Saint-Siége.

Nous avons su depuis que l'heureux père de famille dont nous venons de parler, est ce Breton qui, au mois de janvier dernier, eut la pensée d'envoyer au Saint-Père un gâteau des Rois fait avec un soin tout filial, et à la pensée duquel tous les catholiques de l'endroit avaient voulu s'associer en apportant chacun quelques grains de blé. Trait charmant, et qui a si fort ému le cœur de Pie IX. On trouverait en effet difficilement, même dans les siècles de la primitive Église, quelque chose de plus attendrissant...

# LE DROIT DIVIN

Le 4 mai, le navire touchait à Civita-Vecchia; une circonstance, en apparence peu importante, nous remua bien profondément. Sur les pavillons des barques chargées de descendre à terre les voyageurs, sur les insignes des officiers et des marins brillaient les images vénérées de S. Pierre et de S. Paul; presque de tous côtés elles s'offraient à nos regards. Nous ne pouvions nous rassasier de les contempler, non sans une sorte d'attendrissement. On a chassé Dieu des institutions modernes, pensions-nous; on l'a chassé des lois, de l'éducation, on voudrait le chasser de la société. Car, qu'est-ce que la Révolution? sinon la négation radicale de tout droit de Dieu sur l'homme, de toute autorité humaine elle-même en tant qu'émanant de lui. Que veut-elle? sinon se séparer complétement de Dieu. Or, ne pouvant le chasser du monde physique, dont il est le créateur, elle le chasse du monde des intelligences, du monde politique: comme s'il n'était pas la vie de la société aussi bien que de l'individu; comme si ce n'était pas en lui que la société a l'être, le mouvement et la vie. Et pour-

tant voilà ce que veut la Révolution, voilà le but qu'elle
poursuit avec une persistance toute satanique : chasser
Dieu du domaine des choses de cette vie, le reléguer
dans je ne sais quel coin solitaire, l'anéantir si elle le
pouvait, et sur les débris de tout ce qui est divin
établir à jamais le règne de l'homme... C'est toujours,
comme on voit, le cri du premier révolté, le cri de l'orgueil : Je placerai mon trône en face de celui de Dieu et
je me ferai son égal. Telles étaient les pensées qui s'offraient à nous en abordant à Civita. Oui, on a chassé
Dieu de bien des endroits, mais du moins il y a un petit
coin de terre qui lui reste encore...; il y a un dernier
asile qui lui appartient, où Pierre règne et domine,
où le grand Paul tient encore le glaive.... Et c'est
ce petit coin de terre que les hommes convoitent...;
c'est ce dernier asile qu'ils voudraient lui ravir!... Mais
les hommes n'y réussiront pas. Et alors les immortels
accents du Roi-Prophète nous revenaient à la pensée,
lorsque, soulevant les voiles de l'avenir, il apercevait
l'éternel combat, mais aussi l'éternelle défaite de l'erreur luttant contre la vérité, du mal luttant contre le
bien...

« D'où viennent ces frémissements des nations? d'où
viennent tous leurs vains complots?

« Les grands se sont rassemblés contre le Seigneur et
contre son Christ : Brisons ses entraves, ont-ils dit, et
secouons à jamais son joug.

« Celui qui est dans les cieux leur réserve d'amères dé-
risions.

« Sachez-le donc : je suis roi, établi par lui sur la mon-
tagne sainte afin d'y promulguer sa loi.

« Demande, m'a dit le Seigneur, et je te donnerai les

nations pour héritage, et pour empire tous les peuples de la terre.

« La verge sera dans ta main, et tu les briseras comme un vase d'argile. »

Oh! que n'est là Bossuet pour instruire comme autrefois les peuples et les rois! Comme, à la vue des événements si graves accomplis de nos jours, il redirait, mais avec un accent plus sublime encore : « *Et nunc, reges, intelligite :* Et maintenant, ô rois, instruisez-vous, instruisez-vous, vous qui jugez la terre! » Comprenez-donc que vous n'êtes que des instruments dans la main de Dieu. Comprenez-le avant l'heure des secousses, avant l'heure des grandes leçons. Bientôt, quand va s'allumer sa colère, heureux ceux qui ont mis en lui leur espérance!

# ROME ET LE SAINT-PÈRE

Rome! que de pensées, que de souvenirs ce mot éveille dans l'àme! souvenirs de la Rome des Césars, souvenirs de la Rome des Papes. Nous la saluons avec amour cette capitale de la chrétienté, deux fois maîtresse du monde, vraiment bàtie pour des destinées éternelles. Bientôt s'étalent sous nos yeux ses mille merveilles, ses obélisques, ses places, ses fontaines, ses coupoles sans nombre. A une des extrémités apparaissent les ruines de la Rome antique, comme pour attester la victoire du Christ; à l'autre se dresse comme un géant le dòme glorieux de Saint-Pierre, abritant les ossements du pêcheur de Galilée.

Mais il est une merveille qui domine toutes les autres, et que nos yeux veulent avant tout contempler. Ce bonheur devait nous être bientôt accordé.

Le 6 juin, avant-veille de la canonisation, Pie IX avait voulu voir réunis dans la chapelle Sixtine les milliers de prêtres venus de tous les points du globe.

Enfin elle est devant nous cette papauté si attaquée, mais pourtant si divine! il est sous nos yeux ce visage si auguste de Pie IX! Et qui rendra jamais le saisissement de nos âmes! Quelle majesté! quelle grandeur! Que sont les rois et les grands de ce monde comparés au chef auguste de l'Eglise? Et lorsque, élevant les mains pour bénir son peuple avec un geste qui semble embrasser le monde, il plonge dans les cieux ce regard qui les pénètre et en fait descendre les grâces, comment exprimer ce qui se passe au fond de l'âme! Ce n'est plus un homme seulement qui est là, on le sent : c'est le dépositaire de la vérité, le Vicaire de Jésus-Christ, l'intermédiaire entre Dieu et les hommes. Bien des jours se sont écoulés depuis cette audience mémorable du 6 juin, et néanmoins l'impression produite en nous par cette apparition de ce qu'il y a de plus grand, de plus auguste et de plus sacré est toujours aussi vive.

Après une allocution latine, le Saint-Père adressa quelques paroles en français aux enfants si nombreux de la France. C'est alors qu'un des prêtres présents commença le verset : « *Oremus pro Pontifice nostro Pio :* Prions pour Pie, notre pontife; » et tous reprirent par trois fois avec amour, et quel amour! « Que le Seigneur le conserve! qu'il lui donne la vie! qu'il le rende heureux sur la terre et qu'il ne le livre point aux mains de ses ennemis!..... »

Spectacle bien sublime que le monde n'a point vu, mais que les cieux ont contemplé avec amour! prière bien puissante, et qui a dù faire violence au cœur de Dieu : car de ceux qui étaient présents il n'en était pas un seul qui n'eût donné sa vie pour la vérité!

Peu de papes ont porté la tiare des pontifes romains avec autant de majesté que Pie IX. Néanmoins ce n'est point cette majesté qui frappe peut-être le plus encore en lui. Nous sera-t-il permis de le redire, à nous le plus humble de ses enfants : ce qui semble caractériser le grand Pape qui gouverne actuellement l'Eglise, l'auguste Pie IX, c'est un mélange de sainte intrépidité unie à la bonté la plus touchante. Vivante image de Celui qui atteint ses fins avec force non moins qu'avec douceur, Pie IX possède au plus haut degré ces deux vertus si éminentes.

Rien n'égale son intrépidité lorsqu'il parle en Pontife : il apparaît alors comme la colonne de la vérité fondée sur le roc inébranlable de l'Eglise. A la Sixtine, lorsque, prenant occasion de la basilique de Saint-Paul, qu'il rebâtissait et qui sortait plus glorieuse de ses ruines, pour présager les triomphes de l'Eglise, il disait que les hommes s'agitaient en vain pour renverser ce qui était debout et qui resterait debout malgré leurs efforts, quelle énergie dans sa parole ! quelle intrépidité dans son geste ! quelle sainte fierté, dirions-nous presque si nous l'osions, dans toute sa personne ! Pie IX, c'est vraiment le lion de Juda, terrible aux ennemis de la vérité ; mais c'est aussi l'agneau de paix, image la plus touchante, expression la plus suave de la bénignité de Dieu.

Ce n'est pas sans un dessein profond que Dieu a permis que toutes les clameurs qui se sont élevées contre la papauté s'adressassent à Pie IX, Pie IX dont on peut dire, de l'aveu même de ses adversaires, ce qu'on disait de Moïse, qu'il est le plus doux des enfants des hommes. Il n'y a qu'une voix dans le monde pour raconter sa merveilleuse bonté. Tous les jours de cinq à six heures, si notre mémoire ne nous trompe pas, il y a audience publique dans une des galeries du Vatican. Pie IX a accordé cette faveur en considération des soldats français, toujours empressés à venir recevoir ses bénédictions pour eux et leurs parents de France. A ce moment donc, chacun peut approcher de cette puissance la plus haute, mais aussi la plus accessible qu'il y ait sur la terre; les enfants eux-mêmes, nous y en avons vu. Comme on se le figure sans peine, la foule des pèlerins ne manquait pas chaque soir d'aller se jeter sur son passage; elle encombrait de tous côtés les galeries qu'il devait traverser. Et lui, il passait au milieu de ses enfants, abandonnant ses pieds et ses mains à leurs embrassements et trouvant pour chacun d'eux une parole de bienveillance et d'amour.

Oh! comme il était beau, traversant ainsi l'affluence de ses fils bien-aimés! comme son visage était suave et doux! comme il rappelait le bon Maître!

Bien des scènes touchantes se passèrent dans ces audiences du soir. Nous nous rappelons qu'un jour, tout près de nous, un prêtre polonais habitant Paris exprimant au Saint-Père les sentiments dévoués de la Pologne à l'égard du Saint-Siége, sentiments dont les évêques n'avaient pu que difficilement lui faire parvenir l'expression, Pie IX leva les yeux vers le ciel et les y tint longtemps fixés avec une indéfinissable tristesse, comme s'il eût pressenti les malheurs qui allaient fondre sur cet infortuné pays, et indiqué que c'était du Ciel seul que pouvait descendre pour lui le secours.

Nous entendîmes aussi ces belles paroles, que certaines feuilles publiques rapportèrent l'année dernière. Une dame, portant l'un des beaux noms de France et qui avait son fils dans l'armée pontificale, lui témoignait toute sa vénération: « Madame, lui dit Pie IX, il est toujours à vous, lui parlant de son fils. — Très-Saint Père, repartit cette dame si chrétienne, il est à Dieu seul et à

vous, et je voudrais en avoir un autre à vous offrir. »
Qu'on nous pardonne de dire que, bien des fois, il nous a
été donné de coller amoureusement nos lèvres sur les
mains de l'auguste Pie IX. Nous lui avons demandé une
faveur, et avec une instance que Dieu seul connaît, et
cette faveur elle a été surabondamment accordée.

O jours bénis où nous contemplions avec amour les
traits vénérés du chef de l'Eglise, où nous entendions si
souvent cette voix qui instruit le monde nous rappeler les
grandes vérités du salut, où il faisait descendre sur nous
ses plus douces bénédictions! jours bénis entre tous ceux
que nous passerons sur cette terre, qui pourrait vous oublier jamais !...

# LE 8 JUIN

Le 8 juin restera un des jours les plus mémorables
de l'Eglise. Nous en dirons peu de chose. Qui n'a encore présent à la mémoire le récit tant de fois fait de
cette fête si belle, de cette réunion si imposante! Il fau-
drait remonter, en effet, bien avant dans les siècles, jusqu'aux jours de la première Pentecôte peut-être, pour
trouver une réunion semblable de toutes langues et de
toutes tribus.

Qu'on se figure trois cent quarante-quatre évêques,
près de quatre mille prêtres, tout ce que Rome comptait
d'hommes éminents, de personnages officiels, ces fidèles
sans nombre accourus vers elle pour cette solennité, tous
réunis, dans la plus belle église de la chrétienté, ornée
avec cet art et cette magnificence dont les Romains ont
le secret.

Les inventions modernes avaient permis cette affluence
si extraordinaire. Les hommes croient que ces inven-

tions leur appartiennent en propre, que la vapeur ne leur a été donnée que pour courir plus vite à leurs affaires et à leurs plaisirs : le chrétien, éclairé d'une lumière plus haute, a seul le secret, le dernier mot de toutes choses. Il sait que tout concourt à l'œuvre divine, et que rien n'arrive ici-bas, selon une parole sacrée, que pour les élus.

Ce fut un moment bien solennel, et qui restera à jamais gravé dans la mémoire de ceux qui en ont été témoins, que celui où le pape déclara saints les vingt-six martyrs du Japon, et le bienheureux Michel *à Sanctis*... L'Eglise comptait vingt-sept défenseurs de plus, et nul doute qu'ils n'aient déjà intercédé victorieusement pour elle. Le canon du château Saint-Ange se fit alors entendre, le *Te Deum* s'échappa à la fois de quarante mille poitrines, les cloches de la basilique annoncèrent par leurs joyeuses volées le grand événement à ceux qui n'avaient pu y assister, et, à la vue de ce spectacle vraiment enivrant, de ces illuminations dont rien ne saurait peindre la magnificence, un instant on put avoir comme une idée de la Jérusalem céleste.

Et au milieu de tout cela, la pensée se reportait vers les martyrs dont les images resplendissaient de toutes parts. Ils étaient morts dans la simplicité de leur foi ; ils n'avaient point cherché la gloire, et voilà qu'elle s'offrait à eux, et quelle gloire ! Celle du monde est de courte durée : celle des saints est impérissable, parce qu'elle vient de Dieu. Un temps viendra où les noms des grands politiques de notre temps seront oubliés : on leur aura élevé des statues que le lendemain peut-être aura vu tomber..., et les noms des humbles serviteurs de Dieu traverseront les siècles toujours honorés.

O saints martyrs, vous qui régnez maintenant avec Dieu dans les cieux, priez pour le Pontife auguste qui a placé sur vos fronts l'auréole de la sainteté! Priez pour lui le Seigneur, afin qu'il abrége le temps de ses épreuves, afin qu'il le protége, qu'il le fortifie et lui accorde enfin le bonheur de voir revenir à lui ses enfants égarés.

# LE CAMP PRÉTORIEN

A une des extrémités de Rome, non loin de la porte
Pie, se trouve l'emplacement du camp Prétorien. Là
régnait autrefois la force brutale; là on faisait et défaisait
les empereurs. Un jour on y mit l'empire à l'encan, et
il se trouva un acheteur. Aujourd'hui, à ce même lieu
se presse une autre milice, peu considérable par le
nombre, mais grande par le courage, la fleur de la
catholicité, les Machabées du xixᵉ siècle.

Elle était convoquée pour la pose de la première
pierre d'une caserne pontificale : belle inspiration que
celle de poser les fondements d'un tel édifice au
moment où tout paraît sans espérance. Rome est toujours la patrie des fières pensées et des mâles résolu-
tions; et s'il était permis de mêler les souvenirs pro-
fanes à des choses si saintes, on dirait que l'on se reportait à ces antiques Romains qui au moment où Annibal
paraissait à une des portes de la ville, faisaient sortir
par l'autre l'armée qui devait faire tomber Carthage.

Une foule immense, composée tant d'étrangers que
de Romains, était accourue au spectacle grandiose qu'allait offrir encore la Ville éternelle.

Le défilé eut lieu devant le Saint-Père avec un entrain admirable et au milieu des applaudissements les plus vifs. Les applaudissements redoublèrent lorsque parurent les zouaves, et on aurait peine à se faire idée de la sympathie avec laquelle furent salués ces valeureux enfants de la catholicité.

Et que dire de l'enthousiasme avec lequel le Saint-Père fut acclamé? Pie IX gardera sans doute dans l'histoire le doux nom de *bien-aimé*. Jamais souverain ne fut autant que lui l'objet d'ovations vraiment populaires. « Pie IX peut aller partout sans escorte, disait près de nous un Romain, partout il sera porté aux nues. » Mais entre toutes les ovations qui lui furent faites, celle du camp Prétorien restera une des plus belles et des plus remarquables. Elle empruntait, en effet, à l'affluence des étrangers et aux circonstances solennelles dans lesquelles on se trouvait, un caractère tout particulier. Les Français, qui se trouvaient là très-nombreux et qui mettent toujours dans ce qu'ils font un peu de ce que les Italiens appellent *furia francèse*, se faisaient remarquer et entendre entre tous les autres; de leur côté les Italiens ne voulaient pas se laisser vaincre : de là une sorte de lutte où il serait difficile de dire à qui resta la victoire. Nous renonçons à décrire l'enthousiasme qui anima tous les spectateurs. Les cris de : Vive Pie IX, *Viva Pio Nono*, couvraient littéralement le bruit du canon.

Nous nous rappellerons toute notre vie un trait qui se passa à nos côtés. Un jeune Romain fort distingué, mais d'une constitution très-frêle, semblait sous une impression extraordinaire. Sa poitrine se soulevait de temps en temps, et un instant on put croire qu'il allait s'affaisser. Tout à coup, profitant d'un instant de calme

où se trouvait le camp, il se dresse et crie en italien :
« Vive Pie IX, vive notre roi bien-aimé, qu'il règne sur
nous à jamais, à jamais ! » mais avec un tel accent, une
telle énergie, que tout le camp répéta à l'envie son accla-
mation, et les échos des sept collines redirent au loin l'a-
mour et le dévouement des enfants du Saint-Père.

« La vie de l'homme sur la terre, a dit Job, est une
milice. » Ce monde, en effet, est une vaste arène où le
bien et le mal se prennent pour ainsi dire corps à corps,
luttent et lutteront jusqu'au dernier des jours. Duel
terrible où nous-mêmes nous avons notre place mar-
quée ; duel incessant et sans trêve, dont les phases
diverses se déroulent dans le temps, mais dont nous
ne connaitrons bien toutes les péripéties que dans l'éternité. On comprenait vraiment au camp Prétorien cette
destinée de l'humanité ici-bas ; on sentait que le bien et
le mal étaient là comme en présence, et qu'une grande
bataille se livrait en ces jours mémorables. Mais en con-
sidérant le spectacle qu'on avait là sous les yeux : au
loin, et couronnant les hauteurs, tout un peuple en proie
au délire de l'amour de son roi ; devant nous cette petite
armée, l'honneur de notre siècle ; en élevant surtout les
yeux sur le visage de Pie IX dominant toute cette belle
scène, souriant et calme comme la cime de ces hautes
montagnes placée au-dessus des orages, on se prenait à
espérer, et, à travers les tristesses du présent, on entre-
voyait les joies et les triomphes de l'avenir.

# LE JUSTE

Dans une de nos excursions aux environs de Rome, le guide nous montra une maison qu'on dit avoir appartenu à Horace. Là chantait autrefois le courtisan de Mécène, le poëte voluptueux. Entre ses odes il en est une qui nous revint à la mémoire, et qui nous frappa à cause des rapports qu'elle offre avec Pie IX dans les circonstances actuelles : c'est son portrait du juste. Loin de nous la pensée de comparer la personne auguste du Vicaire de Jésus-Christ avec le juste de l'antiquité. Ce portrait d'abord, si beau qu'il soit, n'est que le cri d'un orgueil insensé, le juste païen n'appuyant sa vertu que sur lui-même. Toutefois, en ces jours où la courageuse inflexibilité de notre saint Pontife est l'objet de tant d'attaques, il ne sera peut-être pas inutile de montrer que la fermeté était aux yeux des païens eux-mêmes l'idéal de la vertu, idéal si bien réalisé dans Pie IX, le véritable juste, parce qu'il s'appuie, non sur notre nature toujours faible, mais sur Dieu toujours immuable.

Voici le texte latin avec un essai de traduction un peu modifiée.

> Justum et tenacem propositi virum
> Non civium ardor prava jubentium,
> Non vultus instantis tyranni
> Mente quatit solida, neque Auster,
> Dux inquieti turbidus Adriæ,
> Nec fulminantis magna Jovis manus :
> Si fractus illabatur orbis,
> Impavidum ferient ruinæ.

> Ferme en tous ses conseils, fort de Dieu son soutien,
> Le juste d'un pas droit suit le sentier du bien.
> Ni les flots en courroux d'un peuple fratricide,
> Ni l'aspect du tyran sanguinaire et cupide,
> Rien n'ébranle son cœur. En vain les Aquilons
> Déchaîneront sur lui leurs plus noirs bataillons ;
> En vain brille l'éclair, en vain la foudre gronde :
> Il a placé son âme au-dessus de ce monde.
> Si le globe a ses pieds croulait avec fracas,
>  Il en verrait la chute et ne tremblerait pas.

Je reprends successivement chacune des parties de ce portrait si fièrement tracé.

> Justum et tenacem propositi virum...

> Ferme en tous ses conseils, fort de Dieu son soutien,
> Le juste d'un pas droit suit le sentier du bien.

C'est bien là Pie IX ; c'est bien là ce Pontife si grand, marchant dans toute la droiture de son âme au milieu des déviations incessantes des systèmes modernes. Pie IX si ferme, inflexible, même *tenacem*, parce que sa cause est de celles qui ne doivent fléchir devant aucune exigence, parce que sa cause est la cause du droit, la cause de Dieu même. Aujourd'hui où tant de caractères ont fléchi, où le culte de la chair et de l'or a courbé l'homme vers la terre et lui a fait oublier sa véritable grandeur, comme on aime à contempler cette noble et mâle figure, sauvegardant en elle ce qui fera toujours l'honneur de l'humanité, la sainte indépendance du devoir, et offrant à tous l'image la plus fidèle du juste sur la terre !

> Non civium ardor prava jubentium...
> Ni les flots en courroux d'un peuple fratricide...

Il est des jours où la sagesse abandonne les nations, où les peuples deviennent le jouet des instincts les plus dépravés. Que fera le juste, alors que tous ces souffles brûlants montent jusqu'à lui ? Le juste, la sagesse antique elle-même l'a senti, le juste, il méprisera le flot impur des passions populaires ; le juste, il s'opposera comme une digue au torrent dévastateur ; le juste fera comme Pie IX, auquel se rapporte si bien le vers du poëte. Car si jamais les passions politiques se déchaînèrent sur un trône, c'est bien sur celui de notre vénéré Pontife, assailli de toutes parts par les efforts, non de ses propres sujets, mais de ceux qui sont aussi ses enfants, et autour duquel s'agitent, mais s'agiteront toujours en vain, les nations frémissantes.

> Non vultus instantis tyranni...
> Ni l'aspect du tyran sanguinaire et cupide...

Ici tout commentaire serait superflu. Elle approche en effet; elle est là, elle est menaçante cette face hideuse de la Révolution, fille de l'orgueil..... Encore un instant..... Déjà son œil étincelle comme celui du tigre sur le point de déchirer sa proie..... Mais ne craignons pas : ni les efforts des peuples conjurés, ni le visage en feu de l'impie, rien n'ébranlera cette âme vigoureuse, *mente quatit solida,* trempée aux eaux vives de la justice et de la foi.

> Nec turbidus Auster....
>
> .....En vain les Aquilons
> Déchaîneront sur lui leurs plus noirs bataillons.

Un jour les éléments se déchaînèrent sur la demeure de Pie IX. D'innombrables débris furent lancés dans les airs ; seul son appartement fut respecté. Et lui, que faisait-il pendant la tourmente? Il était calme, il était serein ; tout entier dans le sein de Dieu, sa force et son appui, il souriait aux vents déchaînés comme il avait souri aux tempêtes sociales.

> Nec fulminantis magna Jovis manus...

Ah ! cette dernière épreuve dont parle le poëte, elle sera épargnée à notre Père. Mais si Dieu dans ses desseins impénétrables, Dieu qui aime les victimes sans tache, semblait vouloir le frapper lui-même, il ne se dresserait point devant lui pour le défier comme l'orgueilleux stoïcien : il ferait mieux, il saurait espérer encore, il saurait trouver en son cœur ce cri de Job : « Lors même que votre main se lèverait sur moi pour m'immoler, j'espérerais encore en vous..... « Tant est grande la confiance du juste appuyé sur le cœur de Dieu !

Vient enfin le dernier trait où le sublime de l'expression le dispute au sublime de la pensée, et qu'on dirait emprunté au psaume XLV, tant il offre avec lui d'analogie. Voici en effet les paroles du psaume et le texte du poëte :

« Dieu est mon refuge et ma force ; il est mon secours au milieu des tribulations qui m'assiégent de toutes parts. Aussi, quand la terre s'ébranlerait, quand les montagnes iraient se précipiter sous mes yeux au sein des mers, mon cœur ne serait point ému. »

> Si fractus illabatur orbis,
> Impavidum ferient ruinæ.

Dieu veuille sauver le monde! mais le monde tremble, le monde chancelle sur ses bases; à aucune époque peut-être les horizons ne furent si noirs, si chargés de tempêtes. Eh bien, si cette dernière catastrophe s'ajoutait à toutes les autres, si le monde ébranlé de toutes parts s'affaissait sous le poids des doctrines perverses, il trouverait calme alors même, alors même inébranlable notre immortel Pontife, parce qu'il a placé tout son être dans une région supérieure et sereine, inaccessible à toutes nos secousses, et où les orages et les tempêtes de ce monde ne pénétreront jamais. Nous le répéterons donc, mais cette fois dans le sens chrétien, dans le sens du Roi inspiré:

> Si fractus illabatur orbis,
> Impavidum ferient ruinæ.

Salut à vous, Pontife auguste! salut à vous, Pontife immortel! Tous les peuples vous proclameront ce juste, le modèle des âmes fortes et courageuses. Ils contempleront votre fermeté; ils admireront « cette grande âme que rien n'abat, ce cœur au-dessus de tous les périls (1). » Vous leur apparaîtrez en ces temps de tristes défaillances comme le soutien du droit, la sauvegarde de la vérité : ainsi qu'on voit dans les déserts une puissante colonne restée debout au milieu de ruines amoncelées. Et nous, vos enfants, trop heureux au prix de nos alarmes

---

(1) Bossuet, *Oraisons funèbres.*

de vivre sous votre main paternelle, laissez-nous reposer aussi nos yeux attristés sur le spectacle de vos vertus. Puissions-nous en retracer quelque chose en nos âmes ! puissions-nous marcher toujours dans la voie de la droiture et de la vérité ! Oui, saint et vénéré Pontife, heureux qui comprendra votre fermeté ! plus heureux celui qui s'y associera, dans la mesure de ses forces, parce qu'il aura part à la récompense promise à ceux qui sur la terre ont combattu l'iniquité !

# DERNIER COUP D'ŒIL SUR ROME

Et maintenant l'heure du départ est arrivée : c'est alors qu'on sent tous les liens qui nous attachent à Rome. On comprend plus que jamais, en y jetant un dernier coup d'œil, que Rome appartient à toute la catholicité, qu'elle ne saurait être à aucun peuple, si grand soit-il. Rome, c'est là en effet, au Colisée, que les martyrs ont souffert; c'est là, dans les Catacombes, qu'ils ont gémi; c'est là, sous cette coupole, que Dieu a placé la pierre qui porte son Église, comme autrefois ses mains avaient assis les rochers qui soutiennent ce monde. Rome, c'est de là que sont partis les envoyés des apôtres pour nous apporter, à nous enfants des Gaules, la bonne nouvelle de l'Évangile; c'est là enfin que tant de saints sont venus se sanctifier de toutes les contrées de la terre. Aussi voudrait-on pouvoir y fixer sa tente; mais la vie est un labeur, et le devoir nous rappelle. Heureux qui a pu la contempler et dans des circonstances aussi belles! pour nous, nous remercierons Dieu toute notre vie de nous avoir accordé ce bonheur.

Adieu donc, Ville trois fois sainte et trois fois bénie! Adieu à tous tes sanctuaires, à tous tes monuments vénérés! Tes enfants te quittent, mais ils emportent dans leur cœur un amour pour toi de plus en plus grand. Ton image y restera gravée en traits qui ne s'effaceront jamais. Un jour peut-être il nous sera donné encore de te revoir; un jour, nous aimons à l'espérer, nous reviendrons encore vénérer les ossements de tes saints et retremper notre vie aux sources de la foi.....

Et pendant que ces pensées se pressaient dans nos âmes, le dôme de Saint-Pierre achevait de disparaître à l'horizon. Tous les cœurs étaient émus, et plus d'une larme coulait silencieusement de nos yeux.....

O sainte Église de Dieu, que tous les peuples accourent vers toi! tel est le dernier vœu de tes enfants. Qu'ils comprennent que tout tremble et chancelle en ce monde, que toi seule es stable, que seule tu as les paroles de la vie éternelle, que seule même tu peux leur procurer le bonheur en ce monde! Déjà de grands retours sont venus te consoler. Les Bulgares sont rentrés dans ton sein: tout récemment la croix était plantée par la nation privilégiée dans la capitale du plus vaste empire de l'Asie. Tout fait présager des retours plus décisifs encore. Le grand schisme s'affaisse; les sectes dissidentes, à la vue de ta merveilleuse unité, semblent avoir compris leur faiblesse et leur décadence. Sainte Église de Dieu, puisse se hâter le moment qui verra revenir à toi ces enfants si tristement assis à l'ombre de l'erreur! oui, puissent tes fils se presser sur ton sein toujours plus nombreux, jusqu'au jour où l'unité se consommera, et où, selon la parole du Maître et le désir si ardent de Pie IX, il n'y aura plus qu'un pasteur et un troupeau: le troupeau du Sauveur Jésus marchant à travers les aridités de cette vie, sous la houlette du Pasteur suprême, vers les pâturages éternels!

# UN AN APRÈS

Un an s'est écoulé depuis les grandes fêtes de la canonisation. Jetons un coup d'œil sur cette période. Quel est actuellement l'état de la question romaine? question si grave, autour de laquelle gravitent toutes les autres, et dont elles semblent attendre leur dénoûment. Rappelons-nous d'abord ce qu'était la situation en 1862. La situation était tendue, si tendue même que plusieurs sans pusillanimité purent hésiter quelque temps à entreprendre le voyage de Rome, tant les horizons politiques s'assombrissaient de toutes parts. Rappelons-nous aussi l'état de l'opinion publique à cette époque (1). Ajoutons qu'un des signes de notre temps, on l'a dit souvent, c'est l'affaiblissement du sens moral dans les peuples, l'obscurcissement des intelligences. Le sens moral des peuples s'est tellement oblitéré, qu'ils sont devenus impuissants à distinguer les vrais principes, le mensonge de la vérité. Or, jamais cette triste décadence des intelligences ne fut plus sensible que de nos jours.

(1) Sous l'empire des intérêts matériels, qui semblent seuls avoir le pouvoir de toucher les esprits ; sous l'influence surtout de la mauvaise presse, dont les ravages ne furent jamais si terribles, cette opinion se trouvait complétement égarée et faussée.

Anxiété extrême dans les régions politiques, opinion complétement égarée, hostile même au Saint-Père, telle était donc la situation en 1862.

A l'heure présente la question romaine est loin d'être résolue ; mais la lumière s'est faite autour d'elle. Sans doute il en est trop encore qui s'obstinent à ne pas reconnaître la vérité, sans doute il existe encore bien des préjugés ; mais du moins les yeux d'un grand nombre se sont enfin dessillés. Ils ont compris que la religion est la vraie gardienne des principes constitutifs de la société, que s'éloigner d'elle c'est s'éloigner de l'ordre et de la stabilité, et qu'une fois ébranlée, leurs intérêts même matériels étaient en péril : et par là a été atténué le mal causé par la mauvaise presse. La position du Saint-Père, sinon en elle-même, du moins devant l'opinion publique, est donc meilleure aujourd'hui que l'année dernière.

On ne saurait nier ce revirement de l'opinion ; on ne saurait nier davantage qu'il ne soit dû aux grandes manifestations catholiques du mois de juin, manifestations qui ont projeté sur la situation des clartés si vives et ont fait entrevoir aux moins clairvoyants l'abîme près duquel on marchait, manifestations qui en outre ont révélé tout à coup dans le catholicisme une force avec laquelle il fallait compter. Dieu a montré ainsi une fois de plus qu'il assiste toujours son Église et qu'il la gouverne par son Esprit. Quel est l'homme, en effet, qui, abandonné aux seuls calculs humains et sans une assistance particulière d'en haut, eût eu la pensée, à l'heure où tout paraissait désespéré, où tout était inquiétude au dedans et au dehors, d'appeler à lui la catholicité tout entière ? qui eût cru, le 18 janvier 1862, jour où fut envoyée aux évêques la lettre de convocation, que de cet abandon où se trouvait l'Église sortirait pour elle un accroissement de force et de vie? Et cependant ce fait s'est accompli sous nos yeux ; ce résultat a été pleinement obtenu.

Un an s'est écoulé, et que sont devenus les ennemis de l'Église? Leur gloire a été de courte durée ; leur fin, pour plusieurs, tragique et prématurée. Déjà l'ange du Seigneur a frappé parmi eux de terribles coups ; chaque jour, pour ainsi dire, les feuilles publiques enregistrent une nouvelle victime tombée sous son glaive vengeur, et le temps n'est pas loin peut-être où quelque nouveau Lactance intitulera un livre : *De la mort funeste des ennemis de l'Église au* XIX<sup>e</sup> *siècle.*

Le premier d'entre eux, leur coryphée, a bien osé demander Rome ou la mort. Dieu veuille écarter de lui la mort! mais ce qui lui arrive n'est-il pas de nature à lui faire sentir qu'il est des cris qu'on ne jette pas impunément vers le Ciel. Puisse-t-il entendre ce suprême avertissement qui lui est encore donné !

Ainsi le malaise, le découragement est au camp des adversaires de l'Église. Le sol se dérobe de plus en plus sous leurs pas. Il semblerait même qu'on soit arrivé à cette phase de la lutte où le génie du mal sent comme le besoin de se hâter, parce qu'il comprend que ses moments sont comptés, et que bientôt il va être de nouveau enchaîné dans l'abîme.....

Et Pie IX, lui, est encore à Rome à l'ombre des drapeaux de la fille aînée de l'Église ! Il règne plus glorieux que jamais, entouré d'une vénération et d'un amour toujours croissants ! Et le 12 avril dernier, la ville entière fêtait l'anniversaire de son retour de Gaëte et de sa merveilleuse conservation à Sainte-Agnès hors les murs, avec une joie et une allégresse jusque-là sans égale ! Qui n'admirera les voies de la Providence? qui ne remerciera Dieu d'être catholique? Qu'elle est belle, en effet, la religion de nos pères! comme elle est divine! comme elle est vraiment fondée sur le roc que n'ébranleront jamais les tempêtes de ce monde! Remercions Dieu de lui appartenir; prions et attendons l'avenir avec confiance. Viendront peut-être encore des épreuves, et des épreuves terribles; mais viendra aussi le triomphe. Et ne semble-t-il pas déjà l'entrevoir? S'il y a des craintes, ne peut-on pas saluer aussi bien des espérances?

# UNE ESPÉRANCE

Il en est une que nous aimons à signaler ici. Notre siècle est bien malade ; il s'est presque entièrement séparé de Dieu. De là, comme nous l'avons dit plus haut, toutes ses défaillances. Toutefois il y a chez lui un symptôme qui rassure : il aime Marie ; il l'a saluée un jour immaculée, et il restera appelé le siècle de Marie. Aussi, tout porte à croire qu'il ne finira pas sans apporter à l'Église le plus beau peut-être de tous ses triomphes. Dieu ne fait-il pas tout par Marie ? et toute grâce, en descendant de son sein, ne passe-t-elle pas par ses mains ?

L'illustre commandant des troupes pontificales disait naguère avec une vérité saisissante : « La Révolution, comme autrefois l'islamisme, menace aujourd'hui l'Europe. » Or qui a vaincu l'islamisme ? Marie. Les drapeaux de Lépante, suspendus à Rome à l'église de Notre-Dame de la Victoire, aux pieds de la Vierge protectrice des chrétiens, attestent et attesteront dans tous les siècles que Marie est l'épée et le bouclier de l'Église... C'est elle encore qui terrassera la révolution. Une fois de plus elle écrasera la tête du dragon infernal.

Si quelqu'un doutait encore de ce rôle militant et toujours victorieux de Marie dans l'Église, qu'il se rappelle ce que disait Pie IX lors de la proclamation de l'Immaculée Conception. Mais auparavant peut-être serait-ce le lieu ici de rechercher pourquoi Pie IX est si aimé; d'où vient le prestige qui s'attache à son nom, l'auréole qui semble déjà le couronner. Pie IX, en effet, est l'objet de la part des catholiques d'un culte tout filial. Qui fut jamais aimé comme notre saint Pontife? qui excita jamais des sympathies aussi profondes, des dévouements aussi ardents? « Si grandes que soient les haines de ses ennemis, elles n'égaleront jamais, a dit un évêque français, l'amour de ses enfants. » Et tout récemment ne recevait-il pas de ses fils lointains de l'Océanie des marques d'affection vraiment touchantes? D'où vient cet amour si ardent pour Pie IX? Si nous en cherchons la cause, nous la trouverons précisément dans ce sentiment que nous venons d'énoncer. Pie IX est par excellence le Pontife béni de Marie. De toute éternité il a été prédestiné pour placer sur son front la plus belle couronne qui l'ait jamais embelli. Entre Pie IX et la Vierge, entre la proclamation du dogme de l'Immaculée Conception et les épreuves présentes, entre tant de gloire et tant d'amertume, il y a des affinités secrètes que le monde n'apercevra pas, mais que l'œil du catholique saura saisir et comprendre. Oui, Pie IX et la Vierge immaculée sont deux noms désormais inséparables, et voilà pourquoi Dieu a fait Pie IX si grand; voilà pourquoi il l'a fait si éprouvé, l'épreuve étant la condition de toute gloire et la mesure de notre action et de notre influence sur la terre. Écoutons maintenant ce qu'il disait il y a peu d'années : « La Vierge bienheureuse a écrasé la tête du serpent. Médiatrice entre le Christ et son Église, sa bonté et sa miséricorde ont sauvé le peuple chrétien des calamités qui l'ont assailli ; elle l'a préservé des embûches de ses ennemis. Sa main l'a retiré de l'abîme qui menaçait de l'engloutir. Nous avons donc le ferme espoir que son cœur maternel la portera à compatir à nos tribulations, que sa puissante intercession détournera les fléaux du courroux divin qui nous châtie à cause de nos péchés, et calmera les orages qui, à notre grande douleur, tourmentent l'Église. Car c'est en Marie que repose notre confiance. Le Seigneur lui a donné la plénitude de tous les biens. C'est d'elle que découlent sur nous toute grâce, toute espérance et tout salut. Dieu veut que nous ayons tout par Marie. »

Espérons donc, nous qui avons le bonheur d'être catholiques et de comprendre ces consolantes paroles ; espérons, si Marie est pour nous ; si Marie est pour le monde, le monde encore une fois sera sauvé.

# AIMONS, AIMONS PIE IX !

Et maintenant je sens le besoin, en terminant ces lignes, de jeter ce cri de mon âme; ma voix est faible, c'est un écho bien affaibli des grandes voix qui ont retenti de toutes parts en ces derniers temps; toutefois, si Dieu daigne la bénir, peut-être sera-t-elle entendue de quelques-uns. Aimons, aimons Pie IX! Aimons le grand Pontife qui gouverne l'Église, qui éclaire sa marche en ces temps difficiles, qui tant de fois s'est offert victime pure et sans tache pour désarmer le courroux du Ciel. Ayons pour lui quelque chose de la tendresse de cœur que nous avons pour nos proches; l'amour qui s'inspire aux sources vives de la foi doit-il donc le céder en force à l'amour de la terre !

Chaque siècle a sa vertu qui le caractérise. On ne saurait nier que la vertu du nôtre ne doive être l'amour de l'Église si éprouvée de nos jours, et l'amour de l'Église se résume dans l'amour de Pie IX. C'est la pensée de plusieurs saints personnages que celui qui aura aimé Pie IX, celui-là sera sauvé : il porte déjà sur son front comme le sceau des élus. Aimer Pie IX, n'est-ce pas en effet aimer l'Église, dont il est le chef auguste? n'est-ce pas aimer Marie, dont il personnifie en sa personne le culte et l'amour? n'est-ce pas aimer l'Homme-Dieu, dont il restera une des images les plus vives et les plus touchantes? n'est-ce pas aimer l'œuvre divine dans ce qu'elle a de plus beau, de plus sacré : la souffrance et la douleur?

O catholiques, aimons-le donc de toutes les forces de notre être, de toutes les fibres de notre cœur. Soyons sa consolation, soyons son soutien, soyons son appui; au besoin je dirai même : Soyons son soldat. Que notre amour grandisse à mesure que s'accroissent ses épreuves, et que là où les haines ont abondé surabondent les tendresses et les dévouements!.....

Un temps viendra où les jours de la lutte prendront fin pour nous comme ils ont pris fin pour nos pères. Heureux qui aura compris ces grandes choses! car alors il pourra dire au Juge suprême : « Mon Dieu, vous m'avez placé à une époque de défaillance et de chutes, à une des heures décisives de ce grand drame qui se déroule à vos pieds et que vous contemplez du sein de votre gloire; mais, Seigneur, j'ai aimé la justice et j'ai détesté l'iniquité; j'ai combattu le bon combat, et maintenant j'attends de votre miséricorde la couronne promise à la fidélité... » Et alors s'ouvriront devant lui les rangs de ceux qui ont vaincu le monde par leur foi, par leur courage, par leur amour, les rangs de ceux qui n'ont point failli, mais qui sont restés fermes dans la vérité. Et l'enfant de Pie IX prendra sa place parmi eux, et, réuni à ces âmes d'élite de tous les siècles, à ce qu'il y eut de plus noble, de plus pur, de plus auguste dans l'humanité, il chantera à jamais la victoire du Christ sur le monde, le cantique du triomphe qui réjouit les échos de l'éternité!...

FIN.

# TABLE




PARIS. — IMP. ADRIEN LE CLERE, RUE CASSETTE, 29.

# CHEZ LES MÊMES LIBRAIRES.

**Rome et la Civilisation**, influence de l'Eglise sur le développement matériel, intellectuel et moral du monde, d'après les historiens protestants et philosophes, par Eugène MAHON DE MONAGHAY, précédé d'une lettre du R. P. FÉLIX, de la Compagnie de Jésus. Un vol. in-12.     3 .

**La Question Européenne**, Rome, Varsovie, Constantinople. Solution, par Louis DE JUVIGNY. In-8°.     1 »

**Essai historique** sur le chapitre de Rouen pendant la Révolution, par M. l'abbé LANGLOIS. Un vol. in-8°     2 »

**La Compagnie de Jésus**, depuis son origine jusqu'à nos jours, par M. A. ARCHIER. Un fort volume in-12.     2 »

**Les Captifs du Czar**, ou les Russes en Pologne, par LE MÊME. Un vol. in-12.     2

**Charité mène à Dieu**, par LE MÊME. Un vol. in-12, fig.     1 50

**La famille Morand**, ou les devoirs d'une femme, par LE MÊME. Un vol. in-12.     1 50

**Le Privilége de Saint Romain**, chronique du XVII<sup>e</sup> siècle, par LE MÊME. Un vol. in-12.     2 »

**Campagne de Henri IV au pays de Caux**, (25 avril, 15 mai 1592), par l'abbé SOMMÉNIL, chanoine honoraire de Rouen. Un vol. in-8°.     1 50

**Mes Vacances en Suisse et en Savoie**, par l'abbé LAMURÉE, curé de Longueil. In-8°.     2

PARIS. — IMPRIMERIE ADRIEN LE CLERE.